Monika Neubacher-Fesser

Hier kommt der Osterhase

Wir basteln mit Papier

CHRISTOPHORUS

BRUNNEN-REIHE

Inhalt

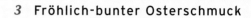

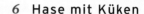

Fröhlich-bunter Osterschmuck

 Hier staunt der Osterhase: auch dieses Jahr wieder lauter neue originelle Osterdekorationen im Zimmer und an den Fenstern! An Sträußen baumeln lustige Anhänger, fröhliche Drehbilder und Mobiles schwingen im Raum, Ostermotive und bunte Bilderketten zieren die Fenster. Da wird er sicher gerne ein wenig verweilen.

Hilfsbereite Maulwürfe tragen bunte Eier, ein Hase flitzt auf einem Möhren-Skateboard daher, ein anderer fährt ein gut gelauntes Schweinchen in der Schubkarre spazieren. Bunte Raupen und Schmetterlinge, Hühner im flotten Federschmuck, Küken und Käfer bringen den Frühling und Osterspaß ins Haus.

Für Ostern zu basteln, macht Kindern wie Erwachsenen immer Freude. Dieses Büchlein soll mit einer Reihe farbenfroher und pfiffiger Motive bei der Ideensuche für Nachschub sorgen. Aus farbigen Papieren sind die Bilder und Anhänger rasch nachgebastelt, mit kleinen Extras aus Bast oder Federn modisch ausgeschmückt. Und die Kinder sind beim Schneiden, Kleben und Ausgestalten sicher begeistert dabei.

Ich wünsche Ihnen viel Spaß beim Basteln und Dekorieren – und lasse den Osterhasen grüßen!

Monika Neubacher-Fesser

So geht's

Die Papiere

Für alle Motive ist das Grundmaterial Papier. *Tonkarton, Tonpapier, Wellpappe* und *Seidenpapier* sind in Schreibwarengeschäften und im Hobby-Fachhandel in einer großen Auswahl an Farben und auch in Regenbogenfarben erhältlich. *Fotokarton* wird nun auch *gestreift* in verschiedenen Farbkombinationen angeboten. *Krepppapier* und *Wabenpapier* gibt es in vielen Farbtönen und auch in Regenbogenfarben.

Ausschmückende Materialien

Mit *Bast* oder *Wollresten* kann man den Tierfiguren lustige Haarbüschel oder Fühler fertigen. Kinder dekorieren und basteln auch gerne mit bunten *Federn, Pfeifenputzern* oder *Trinkhalmen,* die in kleine Stücke geschnitten werden. Weitere Materialien wie *ausgeblasene Eier* oder *Watte* sind bei den einzelnen Beispielen angegeben. Die Gesichter werden mit *Filzstift* gemalt, Bäckchen mit dem *Farbstift* aufgezeichnet. Mit *Deckweiß* werden Lichtpunkte in die Augen getupft, so wirken die Gesichter lebendiger.

Das Übertragen der Motive

Mit *Kohlepapier* und *Bleistift* können die Motivteile direkt auf das entsprechende Papier oder den Karton übertragen werden. Dafür das Kohlepapier mit der schwarzen Seite nach unten zwischen Vorlage und Papier bzw. Karton legen. Damit die einzelnen Lagen nicht verrutschen, am besten alles mit einigen Büroklammern zusammenhalten. Dann mit *einem harten Bleistift* die Linien der Vorlage nachziehen.

Schablonen herstellen

Bei Motivteilen oder Motiven, die einige Male angefertigt werden, ist es hilfreich Schablonen herzustellen. Dafür die Motivteile einfach auf *Karton* pausen und ausschneiden.
Oder *Transparentpapier* auf den Vorlagenbogen legen und das Motiv nachzeichnen. Das Transparentpapier mit der Zeichnung dann auf Karton kleben und als Schablone ausschneiden.

Das Schneiden und Kleben

Die übertragenen Motive zunächst grob mit einer *Schere* ausschneiden. Dann mit dem *Cutter* oder einer Schere die Konturen genau nachschneiden. Für das Arbeiten mit dem Cutter ist eine spezielle *Schneideunterlage aus Gummi (Cutmat)* oder ein *dicker Karton* nötig. **Achtung:** Der scharfe Cutter ist für Kinder nicht geeignet! Sie arbeiten am besten mit einer Kinderschere mit abgerundeten Ecken.

Für die Klebearbeiten verwendet man *einen gut haftenden Klebstoff,* z.B. UHU extra. Jüngere Kinder sollten *lösungsmittelfreien Klebstoff,* z.B. UHU flinke flasche (mit grünem Etikett), benutzen. Den Klebstoff sehr sparsam und immer etwas vom Rand entfernt auftragen, damit beim Zusammenpressen der Papierteile nichts herausquillt. Bei Motivteilen, die nicht ganzflächig aufgeklebt werden (wie z.B. Arme, Schnäbel), nur die Stellen mit Klebstoff einstreichen, die eine Verbindung zum Grundmotiv haben. Sonst sind die Klebestellen auf der Rückseite sichtbar.
Um andere Materialien mit Papier zu verbinden, ist ein *Heißkleber,* z.B. UHU pistole LT 110, günstig.

Achtung: Arbeiten mit Heißkleber sollten am besten nur von Erwachsenen ausgeführt werden!

Die Fertigstellung

Zum Aufhängen der Fenster- und Drehbilder sowie zum Befestigen der Motivteile von Mobiles und Anhängern am besten reißfeste Nähseide in einem zum Motiv passenden Farbton oder einen durchsichtigen Nylonfaden verwenden. Dafür mit einer dünnen Nadel das Bild an der auf der Vorlage eingezeichneten Stelle durchstechen, den Faden durchziehen und die Fadenenden verknoten.

HINWEIS
Schere und Klebstoff werden für jedes der vorgestellten Beispiele benötigt.
Sie sind daher in den Materiallisten nicht eigens erwähnt.

5

Hase mit Küken

Material

- Tonkarton in Hellbraun, Gelb, Orange
- Tonpapier in Grün, Blau, Beige, Schwarz
- Naturbast
- schwarzer Filzstift
- roter Buntstift
- Deckweiß
- dünner Nylonfaden
- Nadel
- Lochzange

Vorlage A 1-2

1 Den Hasenkörper und Pfoten, Küken, Schnäbel und Füße aus Tonkarton ausschneiden. Die Innenohren, Fußsohlen, die Hose, das Hemd und die Nase aus Tonpapier fertigen.

2 Zunächst Hose, Hemd, Innenohren, Sohlen und die Nase beidseitig aufkleben. Das liegende Küken beidseitig fixieren, zuvor den Schnabel jeweils auf der Rückseite anbringen. Die Pfoten ankleben. Den anderen Küken auf einer Seite die Füße, auf beiden Seiten Schnäbel aufkleben.

3 Allen Figuren Gesichter malen, dem Hasen Bäckchen gestalten. Deckweiß als Glanzpunkte auf die Augen und die Nase des Hasen tupfen.

4 Kleine Löcher oben in die Köpfe der drei Küken und des Hasen stanzen. Jeweils zwei bis drei Fäden Naturbast anknoten und ein wenig kürzen.

5 Die drei Küken mit Nylonfaden am Hasen befestigen. Zum Schluss einen Aufhängefaden am Kopf des Hasen anbringen.

Hilfreiche Maulwürfe

Material

- Tonkarton in Schwarz
- Tonpapier in Pink, Rot, Orange, Gelb, Türkis, Grün, Weiß
- roter Buntstift
- schwarzer Filzstift
- ausgeblasene Eier, evtl. eingefärbt
- Deckweiß
- Bürolocher
- Heißkleber

Vorlage B

1 Den Körper aus Tonkarton, Pfoten, Ohren und Nase, die Hose und das Halstuch aus Tonpapier fertigen.

2 Alle Motivteile beidseitig aufkleben, die Ohren etwas versetzt anbringen. Als Augen einen weißen Kreis (Bürolocher!) aufkleben. Die Pupillen und das Maul zeichnen. Etwas Deckweiß als Glanzpunkt auf die Nase tupfen.

3 Mit Heißkleber das Ei auf dem Bauch fixieren, die „Arme" nach vorne biegen und die Pfoten am Ei festkleben. Einen Aufhängefaden am Kopf anbringen.

Auf dem Möhren-Skateboard

Material

- Tonkarton in Hellbraun, Orange, Rot, Schwarz
- Tonpapier in Grün, Hellgrün, Beige, Türkis, Orange
- schwarzer Filzstift
- roter Buntstift
- Deckweiß
- Watte
- Aufhängefaden

Vorlage C 1-3

1 Den Hasen, die große Möhre, die Räder, Nase und Radnaben aus Tonkarton ausschneiden. Das Hemd, die Innenohren, das Möhrenkraut und die kleinen Möhren aus Tonpapier fertigen.

2 Hemd, Innenohren und Nase beidseitig auf den Hasen kleben. Auf beiden Seiten Maul, Augen, Pfoten und mit Buntstift Bäckchen malen. Deckweiß als Lichtpunkte auf die Augen und die Nase tupfen.

3 Den Hasen und die Räder beidseitig auf die große Möhre kleben. Die Radnaben und das Möhrenkraut anbringen. Dem Hasen einen kleinen Schwanz aus Watte ankleben.

4 Einen Aufhängefaden an der Pfote des Hasen befestigen. Jeweils zwei gleich große Möhren aufeinander kleben und dabei den Aufhängefaden mit einfassen. Das Kraut an den Möhren fixieren.

Hahn mit Federschwanz

Material

- Tonkarton in Hellbraun, Gelb, Rot
- Tonpapier in Orange
- bunte Federn
- schwarzer Filzstift
- Deckweiß
- Aufhängefaden

Vorlage D

1 Körper, Füße, Schnabel, Kamm und Lappen aus Tonkarton ausschneiden. Den Kopf aus doppelt gelegtem Tonpapier fertigen.

2 Schnabel, Kamm und Lappen auf eines der Kopfteile kleben. Den Kopf und die Füße von hinten gegen den Körper kleben. Das andere Kopfteil deckungsgleich anbringen. Beidseitig Augen malen, Deckweiß als Glanzpunkte auftupfen.

3 Auf beiden Seiten bunte Federn auf den Schwanz kleben. Zum Schluss einen Aufhängefaden anbringen.

Für bunte Ostersträuße

Raupen

Aus Tonpapier zwei 3,5 x 45 cm lange Streifen zuschneiden, an einem Ende rechtwinklig zusammenkleben und als Hexentreppe übereinander falten. Die Enden fixieren. Kopf und Schwanz aus doppelt liegendem Tonpapier ausschneiden. An den gestrichelten Linien nach außen falten und zusammenkleben. Bäckchen und Nasen beidseitig aufkleben. Maul und Augen malen. Ein Loch in den Kopf stanzen und ein 10 cm langes Stück Bast anknoten. Kopf und Schwanz an den Falzen am Körper ankleben. Einen Aufhängefaden anbringen.

Küken

Den Körper aus Tonkarton, Füße und Schnabel aus Tonpapier ausschneiden. Einen 7 cm langen Wollfaden jeweils zwischen zwei Füßen einkleben, das obere Ende am Körper ankleben. Mehrere etwa 4 cm lange Wollfäden als Schwanz auf einem der Körper fixieren, den zweiten dagegenkleben. Den Schnabel beidseitig fixieren und Augen malen. Einen Aufhängefaden anbringen.

Marienkäfer

Körper, Nase und Kopf aus Tonkarton, das Haarteil und die Punkte aus Tonpapier ausschneiden. Den Körper an den gestrichelten Linien mit einer Stricknadel anritzen und hochknicken. Die Punkte aufkleben, Haarteil und Nase vorne anbringen. Augen, Maul und Bäckchen malen. In zwei Löchern am Kopf jeweils ein 8 cm langes Stück Pfeifenputzer befestigen, den Kopf aufkleben. Einen Aufhängefaden anbringen.

Hase und Schweinchen

Material

- Tonkarton in Hellbraun, Rosa, Blau
- Tonpapier in Rosa, Dunkelrosa, Rot, Gelb, Türkis, Grün, Schwarz
- schwarzer Filzstift
- Buntstift in Pink
- Deckweiß
- Aufhängefaden

Vorlage H

1 Den Hasen, das Schweinchen, jeweils die Arme und die Schubkarre aus Tonkarton ausschneiden. Alle anderen Teile aus Tonpapier fertigen.

2 Zunächst nur die Vorderseite des Bildes gestalten. Dem Hasen Hose, Hemd, Halstuch, Innenohren und Nase aufkleben. Beim Schweinchen Hemd, Schnauze und Innenohr fixieren. Das Schwein hinten an die Schubkarre kleben, diese dann am Hasen befestigen.

3 Die Arme an beiden Figuren aufkleben, das Rad und die Radnaben fixieren. Als Nasenlöcher dem Schwein kleine Ovale aus rotem Tonpapier aufkleben. Die Rückseite des Bildes in der gleichen Reihenfolge gestalten.

4 Dem Hasen und dem Schwein Augen, Maul, Bartstoppeln und Pfoten malen und Bäckchen gestalten. Etwas Deckweiß als Glanzpunkte auftupfen. Zum Schluss einen Aufhängefaden am Ohr des Hasen anbringen.

Lustige Oster-Anhänger

Material

- Tonkarton in Hellbraun, Gelb, Orange
- Tonpapier in Beige, Gelb, Hellbraun
- Wabenpapier in Gelb, Rot, Hellblau, Regenbogenfarben
- festes Papier
- schwarzer Filzstift
- roter Buntstift
- Deckweiß
- dünner Nylonfaden
- Stricknadel
- Zirkel

Vorlagen J, K, L

1 Den Hasen, das Küken, Schnabel, Fuß und für das Ei das kleine Oval aus Tonkarton ausschneiden. Die Innenohren des Hasen aus Tonpapier zuschneiden und beidseitig aufkleben.

2 Schnabel und Fuß auf der Vorderseite des Kükens fixieren. Dem Küken beidseitig Augen, dem Hasen auf beiden Seiten Augen, Nase und Maul malen. Mit Buntstift Bäckchen gestalten. Etwas Deckweiß als Lichtpunkte auf die Augen der Tiere tupfen.

3 Pro Tier zwei Kreise (Radius 3,1 cm) auf Tonpapier zeichnen, ausschneiden. Das Wabenpapier jeweils als halbe Form zuschneiden: Dafür den Halbkreis und das halbe große Oval als Schablone aus festem Papier fertigen. Zweimal auf Wabenpapier legen (die Richtungspfeile auf der Vorlage laufen parallel zu den Klebenähten des Wabenpapiers!), mit Bleistift umranden und ausschneiden.

4 Die gerade Kante des Wabenpapiermotivs mit Klebstoff bestreichen und genau auf der Mittelachse der Kreisform aus Tonpapier fixieren. Trocknen lassen. Zunächst die eine Hälfte des Wabenpapiers mit einer Stricknadel öffnen und auf dem Kreis festkleben. Dann die zweite Hälfte auf dem Kreis bzw. dem Oval fixieren. Eine zweite Halbkugel aus Wabenpapier herstellen. Die Halbkugeln auf beiden Seiten des Hasen bzw. des Kükens aufkleben. Die Ei-Hälften auf beiden Seiten des Eies fixieren, dabei den Aufhängefaden mit einkleben. Aufhängefäden an Hasen und Küken anbringen.

Huhn mit Hut

Material

- Streifen-Fotokarton in Rot-Blau
- Tonkarton in Gelb, Rot, Orange, Blau
- Tonpapier in Weiß, Rot
- schwarzer Filzstift
- rote und blaue Feder
- dünner Nylonfaden

Vorlage M 1-2

1 Das Huhn aus Streifen-Fotokarton, die Füße, Schnabel und Lappen aus Tonkarton ausschneiden.

2 Die Füße hinten, Lappen und Schnabel vorne auf der Figur aufkleben. Aus weißem Tonpapier zwei Kreise für die Augen ausschneiden, Pupillen malen und auf dem Huhn fixieren.

3 Ein Ei aus orangefarbenem und eines aus blauem Tonkarton ausschneiden. Mit Nylonfaden miteinander verbinden, dann unten am Huhn befestigen.

4 Aus einem 15 x 10,5 cm großen Stück rotem Tonpapier einen Hut falten (s. Vorlage), dem Huhn aufsetzen und festkleben. Die Federn hinten in die Krempe des Hutes stecken. Zum Schluss den Aufhängefaden anbringen.

Hasenmädchen

Material

- Tonkarton in Hellbraun
- Tonpapier in Beige, Grün, Gelb, Orange, Schwarz
- Krepppapier in Regenbogenfarben
- Deckweiß
- schwarzer Filzstift
- roter Buntstift
- roter Wollfaden
- Aufhängefaden

Vorlage N

1 Den Körper aus Tonkarton, das Oberteil, Innenohren und die Nase aus Tonpapier ausschneiden.

2 Oberteil, Nase und Innenohren beidseitig aufkleben. Maul, Augen und Bäckchen malen. Etwas Deckweiß als Lichtpunkte auf die Augen und die Nase tupfen.

3 Einen 10 x 50 cm langen Streifen Krepppapier in Falten legen und rundum als Rock ankleben. Kreise aus Tonpapier beidseitig auf das grüne Oberteil kleben.

4 Einen roten Wollfaden als Gürtel um die Taille des Hasenmädchens binden. Zum Schluss einen Aufhängefaden zwischen den Ohren befestigen.

Schmetterlinge

Material

- Regenbogen-Tonkarton
- Wabenpapier in Gelb, Rot, Blau
- Seidenpapier in Rot, Pink, Lila, Gelb, Grün, Türkis
- festes Papier
- Naturbast
- Aufhängefaden
- Stricknadel

Vorlage O

1 Die Schmetterlinge aus Tonkarton ausschneiden. Den halben Bauch aus festem Papier als Schablone fertigen, auf Wabenpapier legen (die Richtungspfeile auf der Vorlage laufen parallel zu den Klebenähten des Wabenpapiers!), mit Bleistift umranden und ausschneiden.

2 Die gerade Kante des Wabenpapiermotivs mit Klebstoff bestreichen und genau auf der Mittelachse des Schmetterlings fixieren. Trocknen lassen. Zunächst die eine Hälfte des Wabenpapiers mit einer Stricknadel öffnen und auf dem Schmetterling festkleben. Die zweite Hälfte ebenso fixieren. Einen zweiten Bauch auf der anderen Seite des Schmetterlings aufkleben.

3 Aus Seidenpapierstücken kleine Kugeln formen und auf beiden Seiten des Schmetterlings aufkleben. Zwei etwa 6 cm lange Naturbastfäden auf einer Seite mit einem dicken Knoten versehen und jeweils auf einer Hälfte des Kopfes ankleben. Den Aufhängefaden am Flügel oder am Kopf anbringen.

Drehhase

Material

- Tonkarton in Hellbraun, Maisgelb
- Tonpapier in Türkis, Rosa, Schwarz
- Plastik-Trinkhalme
- schwarzer Filzstift
- roter Buntstift
- Deckweiß
- Zwirnsfaden
- Nadel

Vorlage P 1-4

1 Kopf und Körper aus Tonkarton, die Hose, Nase und Innenohren aus Tonpapier ausschneiden.

2 Hose, Innenohren und Nase beidseitig aufkleben. Augen Maul und Bäckchen malen. Etwas Deckweiß als Lichtpunkte auf Augen und Nase tupfen.

3 Aus hellbraunem Tonkarton 28 kleine Quadrate (2,5 x 2,5 cm) zurechtschneiden. Füße und Hände fertigen. Von Plastik-Trinkhalmen 8 mm lange Stücke abschneiden.

4 Jeweils einen Faden durch Füße und Hände ziehen und auf der Rückseite verknoten. Im Wechsel Trinkhalmstücke und Karton-Quadrate auffädeln. Nach sieben Quadraten jeweils ein zweites Trinkhalmstück aufschieben und das Bein bzw. den Arm am Körper befestigen.

5 Den Kopf mit einem Faden am Körper anbringen und einen Aufhängefaden zwischen den Ohren anknoten.

Zotteliges Huhn

Material

- Tonkarton in Grün, Türkis, Maisgelb, Rot
- Tonpapier in Gelb
- Krepppapier in Türkis, Blau, Grün, Hellgrün
- schwarzer Filzstift
- Aufhängefaden

Vorlage R

1 Den Bauch, Hals, Schwanz, Schnabel und Füße, Lappen und Kamm aus Tonkarton, die Augen aus Tonpapier ausschneiden.

2 In verschiedenen Blau- und Grüntönen etwa 5 x 1,5 cm große Streifen aus Krepppapier zuschneiden und damit den Bauch bekleben. Dabei unten anfangen und die Streifen überlappend nebeneinander setzen. Den Hals vorne am Bauch fixieren, Schwanz und Füße auf der Rückseite anbringen. Den Kamm hinter dem Kopf ankleben.

3 Den Bauch auf der Rückseite ebenfalls mit Streifen von Krepppapier bekleben, den zweiten Hals gegengleich fixieren. Beidseitig Schnabel, Lappen und Augen ankleben. Pupillen malen. Einen Aufhängefaden anbringen.

Hase und Margeriten

Material

- Tonkarton in Hellbraun
- Tonpapier in Gelb, Rot, Hautfarben, Türkis, Hellblau, Braun, Schwarz, Weiß
- Wellpappe in Gelb, Weiß
- hellbrauner Bast
- schwarzer Filzstift
- roter Buntstift
- Deckweiß
- Aufhängefaden
- Lochzange

Vorlage S 1-2

1 Den Körper und die Pfoten aus Tonkarton ausschneiden. Hose, Hemd, Ärmel, Korb, die Innenohren und Nase aus Tonpapier fertigen.

2 Beidseitig die Hose, dann das Hemd, den Korb, die Nase und die Innenohren fixieren. Die Pfoten an die Ärmel kleben und etwas versetzt auf Vorder- und Rückseite anbringen.

3 Die Margeriten aus doppelt gelegtem Tonpapier ausschneiden und beidseitig auf den Korb kleben. Kreise aus gelber bzw. weißer Wellpappe auf die Blütenmitte setzen.

4 Beidseitig Auge, Bartstoppeln, Maul und Bäckchen malen. Etwas Deckweiß als Glanzpunkte auf Nase und Augen tupfen. Ein kleines Loch zwischen die Ohren stanzen und zwei Bastfäden anknoten, dann kürzer schneiden. In dem Loch auch den Aufhängefaden anbringen.

5 Aus doppelt liegendem Tonpapier mehrere Margeritenblüten ausschneiden, aufeinander kleben und dabei einen Faden mit einfassen. Kreise aus Wellpappe beidseitig in die Blütenmitte kleben.

Impressum

© 1999
Christophorus Verlag GmbH
Freiburg im Breisgau
Alle Rechte vorbehalten –
Printed in Germany
ISBN 3-419-56106-7

Jede gewerbliche Nutzung
der Arbeiten und Entwürfe ist
nur mit Genehmigung der
Urheberin und des Verlages
gestattet. Bei Anwendung im
Unterricht und in Kursen ist auf
diesen Band der Brunnen-
Reihe hinzuweisen.

Lektorat:
Dr. Ute Drechsler-Dietz,
Hechingen

Styling und Fotos:
Christoph Schmotz, Freiburg

**Covergestaltung und
Layoutentwurf:**
Network!, München

Gesamtproduktion:
smp, Freiburg;
Layout: Gisa Bonfig

Druck:
Freiburger Graphische Betriebe

Wir sind für Sie da, wenn Sie
Fragen zu AutorInnen,
Anleitungen oder Materi-
alien haben. Und wir inter-
essieren uns für Ihre eige-
nen Ideen und Anregungen.
Faxen, schreiben Sie oder
rufen Sie uns an. Wir hören
gerne von Ihnen!
Ihr Christophorus-Verlag

*Christophorus-Verlag GmbH
Hermann-Herder-Str. 4
79104 Freiburg
Tel.: 0761/ 27 17-0
Fax: 0761/ 27 17-3 52
oder e-mail:
info@christophorus-verlag.de*

Profi-Tipp der Autorin

So wird's besonders gut

Bevor ein Motiv zusammengeklebt wird, ist es günstig, die Einzelteile auf der Vorlage probeweise anzuordnen. Sie erkennen so die genaue Position der Bildelemente und sehen, an welchen Stellen die Teile mit Klebstoff eingestrichen werden müssen.

Wenn Sie mit einem Pinsel ein wenig Deckweiß in die Augen der Hasen, Küken und anderer Figuren tupfen, wirken die Gesichter lebendiger.

Weitere Titel aus der Brunnen-Reihe

3-419-56105-9

3-419-56107-5

3-419-56108-3